あたりまえだけど
なかなかできない

教師のすごい！仕事術

森川正樹
Morikawa Masaki

東洋館出版社

はじめに

仕事には、〝**あと一歩前に進めば、劇的に世界が変わる境界線**〟があります。

「取り乱す」ほど喜んでみる。
「聞き耳ずきん」を意識する。
「共感」で話す。
「子ども」になる――。
さまざまな〝あと一歩〟の**「気づき」**をまとめたのが本書です。

教師は子どもたちに「気づき」を促す存在です。
自分で気づくことが何より身につきます。
子どもに「いかに気づかせるか」は、教師の「いかに気づくか」にかかっています。
「気づける」先生は、「子どもに気づきを与える」ことができるのです。

私がまだ新任だった頃のことです。

クラスの子どもたちを見ていて、ふと気になったことがありました。

「子どもたちが生き生きと動いていないなあ」

そして次の瞬間、ハッとしました。

最近、子どもたちをほめていないことに気づいたのです。

子どもをほめていない。それはつまり、子どもを認めていないということ。もっと言えば、子どものことを見ていない――。

それからの私は、何よりもまず子どもたちをしっかり〝見る〟ことを意識しました。すると、これまで見過ごしていた、子どもの頑張る姿、成長しようとする姿が目に飛び込んでくるようになりました。

その姿をきちんと認める。

本人の前で、クラスみんなの前で、しっかりとほめる。

そうするうちに、子どもたちはどんどん生き生きとした姿を見せてくれるようになりました。それは大きな変化でした。

〝あと一歩〟を踏み出すために、教師がいかに気づくか。

「あ、こういうふうに話せばいいのか」

「あ、子どもをほめるのは今だったんだ」

「あ、先輩の先生から聞いたのはこういうことだったんだ」

「あ…」が、すごい変化を起こす始まりです。

私は「あ…」に出会ったそばから、メモをしていきました。学生の頃から始めたメモ帳は、これを書いている時点で132冊目を数えます。

メモ帳には多くの「気づき」が書かれていきました。

あたりまえだけど、なかなかできていないこと……意外にたくさんあります。

そんな「気づき」の中で、自分の仕事を大きく変えたもの、教室の空気をガラリと変えたものを本書にまとめました。

「あたりまえだけど、なかなかできないこと」は、気づきさえすればできること。

気づいて、〝あと一歩〟を踏み出したとき、すごい変化が起こります。

本書に書いたのは、私自身が集めてきた「気づき」のスイッチです。押しやすいスイッチ、押してみたいスイッチを一日に一つずつでも意識して実践してみてください。

一つスイッチを押す度に、教師としての仕事が楽しくなります。

子どもたちも目に見えていい方向へと動き出します。

自分はもちろん、子どもにもクラスにもすごい変化が起きるはずです。

教師として仕事をすることを選んだのですから、わくわくドキドキする教師生活、感動の連続になるような毎日を送りましょう。

本書がその一助となることを祈って……「あたりまえだけどなかなかできないすごい！仕事術」をご紹介します。

1冊目のメモ帳を手にしながら

あたりまえだけどなかなかできない

教師のすごい！仕事術

目次

part 1

【心構え】編
一日を始める、その前に！

part 2

【言葉】編

言葉を変えれば、子どもも変わる

part 3

【習慣】編 できる教師の「24時間の使い方」

part 4

【学級づくり】編
今日からできる「ちょっとしたすごいコツ」

part 5

【授業づくり】編 あなたのクラスが生まれ変わる瞬間！

part 1

【心構え】編

一日を始める、その前に!

クラス全員の子どもと、一日に一度は目を合わせる

私は、一日のうちで、クラスの子どもたち全員と一度は必ず目を合わせることを意識しています。それが、子ども一人ひとりにきちんと向き合う基本だと考えているからです。

クラスには、いろいろな子どもたちがいます。

とっても頑張っている子。授業では毎回挙手して発表し、作文も何枚も書く。
お勉強がしんどい子。なかなか発表できない。作文も書き出せない。
問題行動をよく起こしてしまう子。先生にしょっちゅう注意されてしまう子。
これらの子たちとは、いずれもよく目を合わせています。ほめるにせよ叱るにせよ、コ

ミュニケーションをとっている。しっかりとその子と対峙しているわけです。

気をつけたいのは、その**真ん中にいる子**です。

ものすごく目立つわけではない。問題行動も起こさず、きちんと過ごしている。

このような**ひたむきに頑張っている子にこそ、目が届いていないことがある**のです。

朝、教室に入ったら、笑顔で全員を見渡す。

授業が始まる前に、全員と目を合わせる。

これは、私が欠かさず実践していることです。持ち歩いているノートに書き、いつも意識を向けています。

一日の学校生活は飛ぶように過ぎていきます。「今日は一度も、あの子と話さなかったなあ」などということは、意識していなければ、必ず起こり得ること。

「全員と目を合わせよう」

毎朝教室に入る前に意識するだけで、クラスの子どもたちとの関係は確実に変わっていくでしょう。

動くために必要なのは、「準備」よりも「やる気」

「しようと思っていて、していない」ってこと、実は結構あるものです。


教室のロッカーの整理をさせないといとと思っていて……していない。

クラスで何か生き物を飼おうと思っていて……飼っていない。

うちのクラスでもスピーチをしてみようかなあと思っていて……していない。

子どもに貸す鉛筆を用意しておかなければと思っていて……まだ買っていない。

子どもたちに「読み聞かせ」を始めたのはいいけれど、しているようでいて……実際にはあまりしていない。

靴箱の靴を今年は徹底的に揃えさせるぞと決意したのだけれど……徹底していない。これらは、以前の私の「しているようで、していない」例なのでした。


どうすれば、「やろう」という一歩を踏み出せるのか。

それは、「満を持して始めない」ということです。

人間、準備万端で始めようとすると、準備ばかりに時間がかかってしまって、その間にやる気がしぼんでいってしまいます。


一歩を踏み出すのに必要なのは、「準備」よりも「やる気」。

満を持して始めず、思い立ったら始める。

やる気が起こるのを感じたら、その瞬間に動き出してしまうことです。


こんなことがありました。

担任しているクラスの二年生の女の子が、「先生、うちでメダカを飼っていて、ママが学校にあげようかって言ってるけど、どうする?」と声をかけてくれました。私は教室に水槽もないしポンプもないので、「ちょっと考えておくね」と答えました。それからしばらく経つと、その子がまた「先生メダカは？」と聞いてくれました。

そのようなやりとりを何度かくり返して、気がつくと一カ月が経ってしまいました。中途半端にしてしまっている申し訳なさでいっぱいになったとき、学校の職員室の横に二匹だけ小魚が入っている水槽があることを思い出しました。

そして、とりあえずここにメダカを入れようと決意（大げさですが……）しました。すぐにお母さんが学校にメダカを持ってきてくださり、その水槽に許可をもらって移しました。

ちょうどこの原稿を書いている今日、ポンプと水槽をホームセンターに買いに行きました。

動くから始められるのです。

参加しようかどうか迷っているセミナーがあるなら、まず申し込んでしまう。参加費を入金してしまう。

「読み聞かせ」をやってみようと思ったなら、「今日から読み聞かせをやります」と子どもたちに宣言してしまう。

子どもたちに貸す鉛筆を用意するなら、その日の放課後に買いに行く。業者さんに申し込んでしまう。

その一歩が、後の流れをつくります。

たった一つだけ、子どもたちに何かを伝えるとしたら？

四月。新年度の新学期。

新しい子どもたちと出会います。

お互いの関係が真っ白な段階で、たった一つ何かを伝えるとしたら、何を伝えますか？

あいさつのこと。仲間のこと。勉強を頑張ってほしいということ。目標を持ちなさいということ。一年間の方針を伝えること。……人によって答えは様々でしょう。


私が一つ選ぶとしたら、**「マイナスの言葉を使わない」**ということです。

「マイナスの言葉は、クラス全体のやる気を下げてしまう。だから、『えー』とか『いやや』とか、そんな言葉はなるべく使わないようにしていこう。それだけで、絶対にいいクラスになる」と話します。

自分が選んだことを、信念を持って一生懸命伝える。

伝えることが何であれ、それがまずは重要なことです。

子どもたちは、先生の「本気度」を感じ取ります。心のこもっていない、ありふれた言葉を並べても、必ず見透《す》かされてしまうでしょう。

子どもたちに本気の思いを伝えることさえできれば、それだけで初日は大成功だと思います。

「たった一つ」と限定して考えることは、自分の心に本気で向き合うこと。

同時に、「大切でないこと」をはっきりさせることにもつながります。

あなたが**「一つ」**に選ぶことは何ですか？

「ほめる」も「叱る」も、その目的は同じ!?

「ほめる」ことで、子どもを動かす。これが、私が実践しているやり方です。

では、「叱る」ときには、どうするか。

結論から言えば、「ほめる」も「叱る」も、その目的は同じです。ほめることも、叱ることも、そうすることによって子どもを動かしていく。

ほめたり叱ったりすること自体が目的ではなく、子どもをやる気にさせることが目的なのです。

感情をむき出しにして怒鳴るような叱り方では、子どもは「叱られた」こと自体を強烈に記憶します。その後、行動を改めることに意識が向かなくなってしまうのです。

がんばるぞ〜!!!
目的は
同じ!
はげましてくれた!
みとめてくれた!
★しかる
☆ほめる

授業中のワンシーン。

一人の子どもを、全員の前で叱らなければならないとします。

どのように叱れば、その子どもをいい方向へと動かすことができるのでしょうか。

ここで教師が気をつけるべきことは、叱るときは、叱る本人だけでなく、クラスの子どもたち全員を視野に入れておくことです。

◆叱っている本人に対して	①直すべきところを話す。 ②本人のプライドも守る。「やる気があることはわかる」 ③周りのみんなのことを話す。「頑張れよ、と思って黙って聞いてくれているんだぞ。いい仲間やないか」
◆周りで聞いているクラスの子に対して	①クラスのあり方を示す。「今、黙って聞いてくれていることは立派だ。頑張れと思ってじっと聞いてくれているんだな。それが仲間や」 ②叱られている子に対してヤジを飛ばす子は許さない。「叱るのは先生の仕事、みんなは励ますのが仕事や」

また、ほめたり、叱ったりするとき、もう一つ私が大切にしていることがあります。

それは、**「叱るときは〝冷静に〟、ほめるときは〝感情的に〟」**ということ。

私たちは、つい逆のことをしてしまいがちです（私自身もそうなりそうなときがあり、いかんいかんと自分を戒めるのですが……）。

そんなときは、大きく一つ深呼吸。

叱るのはあくまで、その子どもを「動かす」ためだということを思い出しましょう。

子どもに「書きたい」「話したい」が生まれる瞬間

ヒーローがその必殺技を開始早々「スーパーミラクル……」とやっては、驚かれるどころかむしろ顰蹙《ひんしゅく》ものです。

テレビショッピングで冒頭から「本日ご紹介する商品のお値段は……」とやると、買う気が失せます。

水戸黄門が冒頭で印籠を出したら、それで話が終わってしまいます。

ヒーローものもテレビショッピングも水戸黄門も、そして授業も、**「これぞ」というしかけをいつ出すかが肝心**です。

どんな物事にもタイミングがあります。これは、授業でも同じ。教師の提示と子どものやりたい気持ちがピタリと一致したとき、授業はがぜん盛り上がります。

当たり前のようですが、これが案外、難しいのです。

では、たとえば「書きたい」と思う瞬間をどうつくればいいのでしょうか。

書きたいという思いが生まれる要因はいくつかありますが、やはり第一に**「面白いかどうか」**です。子どもに提示するテーマに「未知の面白さ」があれば、書くことへのマンネリ化は必ず避けられます。

教　　師　「朝起きて学校に来るまでを作文にしましょう」
子どもたち（ん？　何だ？）
教　　師　「教室に入って席に着いたら作文終了です」
子どもたち「え？　それだけ？」
子どもたち「ほとんど書くとこないやん！」

教　師「ただし……」
子どもたち（ただし……？）
教　師「音だけで書くんだけどね（ニヤリ）」
子どもたち「えーーー!?」

子どもたちは、完全に術中にはまっています。「もう説明はいいから、書かせて！」となるわけです。

また、「話したい」という場面はどうつくるか。

私が実践している方法の一つに、教材文の内容を表した簡単な絵（カード）を提示する「アイコンカード」というものがあります。

カードの中には、正しいものの他に、あえて間違ったり一部を変えたりしたものをまぜておく。それらを何枚か同時に提示して「どの絵が正しいでしょう？」と子どもたちに聞くのです。

この方法を試して実感したのは、カードを貼った瞬間に子どもたちが話し出すこと。

その要因はズバリ、**「違和感」**です。

とっさに理由が説明できなくても、ちょっとした違和感を覚えるものが目の前に提示されると、「ねえねえ、あれって……」と隣の人に話したくなる。これは、子どもでも大人でも同じです。

〝分かち合いたくなる瞬間〟を狙って、「では、お隣の人とおしゃべりしてごらん」と投げかけていきます。

子どもが「書きたい」と思ったときが書かせ時です。

「話したい」と思ったときが話させ時です。

「聞きたい」と思ったときが聞かせ時です。

学びの〝旬〟を常に意識して、子どもたちに向き合っていきたいものです。

トラブルが起こったとき
――「エネルギーの向け先」を変えるだけで……

北風は、旅人のコートを無理矢理吹き飛ばそうとして失敗しました。
太陽は、暖かい日差しを注ぐことで、旅人自らコートを脱ぐように仕向けました。
先生も同じです。

子どもに変わってほしいと思うとき、感情にまかせて子どもを怒鳴ったりすれば、子どもはますます頑《かたく》なになるか、教師の前で取り繕うようになります。何も変わっていないどころか、以前より悪くなってしまうことすらあるでしょう。
だからこそ、**本当に子どもを変えたいなら、子どもが自ら「頑張ろう」と思えるように**

道案内をしていく必要があります。

「きれいごとだ」と言う人がいるかもしれません。とんでもない。

太陽のほうがずっと大変です。感情のままに怒鳴ったり、やみくもに注意するほうがずっと簡単なはずです。


では、子どもを変えたいなら、どのように道案内していけばいいのか。

子どものエネルギーの向け先を変えることです。


難しい問題を必死になって考える。

これまでに書いたこともないようなテーマで作文を書く。

見たこともないような図工の作品を鑑賞する。

歴史上の人物になりきって討論する。

自分たちだけで話し合いができた。

クラス全員で大縄跳び新記録を達成した。

給食を校庭で食べてみた。

自分たちで企画、運営して学習発表会をした。
音読の声が全員そろった。

このようなことを実現するクラスは、子どもたちがいい方向にエネルギーを使います。くだらないことにエネルギーを使う暇がなくなるので、頻繁にトラブルが起こるようなことはありません。

このようなことを仕組まずに、力で〝統率〟しようとすれば、ありあまったエネルギーを発散させようとトラブルが次から次へと生まれます。

「子どもがトラブルを起こす→先生が怒る→ますます子どもとの距離が離れていく→保護者からも信用されなくなる」という負のスパイラルです。

つまり、何かトラブルが起こったとき、まず変えるべきは子どもではありません。
教師である私たち自身です。

授業を変える。

教室の空気を変える。

授業を工夫し、指示を簡潔にし、子どものよいところをほめ、笑顔で過ごしてみる。子どもに「知性が満たされるエネルギーの出しどころ」をつくることができるのは、私たち教師以外にいないのです。

一つも問題のないクラスというのは、おそらくないと思います。どんなクラスにも、手のかかる子どもがいたり、クラスの雰囲気がよくなかったりといった問題が、多かれ少なかれ存在しているはずです。トラブルが頻繁に起こるときは、教師としての姿勢が問われていると心得ましょう。

一番手のかかる子どもが、先生の〝伸びしろ〟をつくる

「この子」はお勉強が大変だなあ。「この子」は友達とうまくコミュニケーションがとれないなあ。

あの手この手をためして、自分も疲れて、でもなかなか結果は出なくて……そんな経験をしたことがあるかもしれません。

しかし、「この子」に向き合うプロセスは、必ず私たちに変化をもたらします。それも、素晴らしい変化をもたらしてくれます。

人間は、負荷のかかるときに一番成長する。

これは、尊敬する先輩方からもよく言われていましたが、今はその通りだと実感しています。

強烈に記憶に残っている教え子がいます。

その子は四月当初、クラス全員から恐れられていました。彼の身体に触れないようにみんなが歩いていたほどです。

私が彼の態度を注意したら激高しました。授業中ですら、大声で泣き叫びながら私に罵詈雑言を浴びせてきました。

こんなスタートは私も初めてのこと。焦り、戸惑いました。

大変だ。逃げ出したい。

そのように思うこともたくさんありました。

しかし、とにかく懸命に真っ正面から立ち向かうしかないと思いました。「先生はあなたのことをあきらめない。どんなに嫌われても、先生はあなたに話し続けるよ」。毎回毎回、そう語りかけました。

そうしてその子に接していく中で、一番変化が見られたのは、**「認める言葉」**を投げかけたときでした。

「今、隣の子にプリントとって渡してあげようとしたろ。やさしいなあ」

「今、怒りたくなったけど、ぐっと我慢したな。えらい！」

彼は今まで、さんざん怒られてきました。

それは、もはや彼の日常になっていました。「自分は怒られる存在（だから）怒られるようなことをする」→「俺は認められる存在（だから）認められることをする」と、態度が少しずつ少しずつ変わっていきました。

そんなあるとき、周りにもはっきりした変化が起きました。

ある国語の授業でのこと。

その子に対して別の子が反対意見を言ったのです。

「○○君に反対なんですけど……」

その子に面と向かって意見するなんて、それまでは考えられないことでした。

彼だけでなくクラス全体が変わった。

クラス全員の関係が〝フラット〟になった瞬間でした。
その瞬間を今でもありありと思い出します。

一番、勉強になったのは、他でもない私自身でした。子どもに接する態度、言葉……その子から学んだことは計りしれません。
クラスで問題が起こったら、今でもそのときのことを思い出します。

「子どもが好き」の先から、教師の仕事は始まる

大村はま先生は、著書『教えるということ』（共文社）の中で次のようにおっしゃっています。

「技術家に徹したく、職業意識に徹したい」

さらに、「何か一つのことをやらせようというとき、専門職として恥じないくふうをもって、子どもの前に出たい」と。

この本を読んだのは大分前のことですが、教師である限り、いつまでも心に留めておかなければならない言葉だと思っています。

「子どもが好き」の先から、教師としての生き方が始まります。

先生になる人はみんな子どもが好きです。それを主張しているうちは、教師になりたい学生と変わりません。

ときどき、「子どもが好きな気持ちは人一倍あります」と言う人がいますが、そんなことは当たり前なのです。

子どもが好き。だからこそ、その子どものために何ができるのか。

それを必死で考えるのが教師の仕事だと思います。

話を聞けない子に、いかに先生の話を聞かせるか。

書くことが嫌いな子に、いかに楽しく書かせるか。

話すときに恐怖を覚えてしまう子を、いかに少しずつでも話せるようにするか。

音読で何度もつかえてしまう子を、いかにスラスラと音読できるようにするか。

子どもが好きだからこそ、どのように育てていくか工夫する。

それが教師の役目です。

column

バナナのたたき売り風「教師の持ち物」紹介

ちょっと見てってよ、そこの先生!

今日持ってきた選《え》りすぐりの品はこちらだよ!

まず「メモ帳」と「ペン」。これ持ち歩いてたらいつ何時〝子どもの宝石のつぶやき〟が降りてきても安心、授業のアイデアだって浮かんだそばから書き込める! ついでにメモ帳は無地がいい。罫線が入ってなけりゃ、コピーしても線がうつらない。スタンプ押したり資料貼りつけたりしてもそのままコピーして使えるよ。

次に「デジカメ」。板書も、机間指導しているときの子どものノートも、咲いたばかりのチューリップの植木鉢も、何でもサッと撮れる。手放せないねえ!

そして「付箋」。子どもの日記を見てコピーしたくても一度返さないといけないこと、あるよなあ。そんなとき、とりあえず付箋を貼って返す！　そしたら後から「付箋貼っている人、もう一度今から集めますよ〜」って言えるってもんだ。

ここでお出まし「ビデオカメラ」。教室の隅っこにセットしておいて授業中に回しておく。授業をしている自分の姿なんて、ビデオに撮らなきゃわかんない。まあ、自分の授業見るほど苦しいもんはねえけどな（苦笑）。

お、人だかりも増えてきたねえ。

いよいよ最後の品だ！　よおく目ん玉こじ開けて見ておきな！

さあ、「これ」何だかわかるかい？　え、何もないじゃないかって？

てやんでぇお兄さん、「これ」が見えないのかい？　ほら、ここにこうしてほら！

あ、そうそう、「これ」はあっしもお譲りするわけにはいかねえんだ。

もったいぶってないで早く出せって？

さっきからもう出してるよ。

「教師の心意気」だい！　こればっかりは、なくなったら見つけるの大変だよ！

part 2

【言葉】編

言葉を
変えれば、
子どもも
変わる

子どもが「すぐに行動したくなる」言葉とは？

なかなか子どもたちが指示したように動いてくれない。教室は自ずと騒がしくなり、先生のキーキー声がくり返し響いてくる。
そんな教室に出会ったことはありませんか。

教師「ファイル集めますよ。班長さん持ってきて」
教師「ファイル集めます」
教師「聞こえていますか。ファイル集めます！」
教師「はい、早く集めます。ファイル‼」

教師「○○君、聞こえてますか⁉」
教師「まだ全員そろってませんよ。早くしなさい‼」

あるとき、私が目の当たりにした光景です。

先生が何度も「ファイル集めます」と言うのに、子どもたちは全く動かない。教師の声は耳に届いているはずなのに、そんなのどこ吹く風で友達とおしゃべりをしているのです。

なぜこうなるのか。

答えは一つです。


この先生は、**一度も「ほめていない」**からです。

できている子をほめていない。言い換えれば、**「認めていない」「価値づけていない」**のです。


このやりとりを少し変えてみるとこうなります。

教師「ファイル集めますよ。班長さん持ってきてください」
（素早く動き出した子を見てとって）
教師「あ、もう集め出した。一班は早いなあ！」
（これで他の班の動きが変わる）
教師「お、二班も早いですね！」
教師「あと一分です」
教師「ほとんど出ました。出した後は本を読んで待っています」
教師「待っている一班の態度がいい！」
教師「これで全班そろいました。とても早かったです。素晴らしい‼」

同じ行動をさせるにも、やり方は全く違います。
後者なら、頑張っている子をほめつつ、全員がニコニコして気持ちよく次の行動に移れるのです。

ときどき、「ほめる」ことを「おだてる」と勘違いしている人がいますが、二つは全く違います。

「おだてる」とき、私たちは相手の姿を見ていません。そっぽを向いていても、おだてることはできます。

一方、**「ほめる」ことは、その子を見ていることであり、その子を認めることであり、そのことによって他の子へも意識づけをすること**なのです。

心のシフトレバーを「共感」に入れておく

「もう、めっちゃ腹立つことあってん」
「どないしたん？」
「今日、こんな嫌なこと言われたわ」

A「でも、それは○○やからなあ。仕方ないよ」
B「ほんまか!?　腹立つなあ」

Aの答え方は、「でも」で始まっています。

一方、Bの答え方には、まずは相手に**「共感」**する姿勢が見てとれます。**誰かに愚痴を言うとき、私たちは自分の思いを相手に理解してほしいと思っているもの**です。最終的には、解決するための道を示してほしいと思っていたとしても、まず第一に「共感」してほしいのです。

まず、共感する。

そうすれば、もし相手を諭《さと》す場合でも、相手は落ち着いて聞いてくれるはずです。

これは、子どもたちに接するときでも同じです。「とにかくやれ」ではなく、「一緒にやっていく」姿勢を示す。

対等の人間として扱われているかということに、子どもたちはとても敏感です。

真夏のある日、炎天下で組体操の練習をしている。みんな汗をだらだら流しながら、必死に頑張っている。

そこで教師が励ましの言葉をかける。

「暑くて本当に大変だと思うけど、今ここで頑張ったら絶対にうまくいくからやってみよう！」

「暑くて大変だけど」というひと言で、子どもたちはもうひと踏ん張りできるのです。

これは決して媚びているのではありません。子どもを一人前の人間として扱い、その頑張りに共感している証しです。

車のシフトレバーを思い出してください。Ｄ（ドライブ）に入れたり、Ｐ（パーキング）に入れたり。

心のシフトレバーは、常に「共感」に入れておきましょう。

それだけで、同じ内容を伝えるのでも、ずっと深く伝えることができるのです。

数、たとえ話、具体物
——10倍伝わる話し方

「昨日、晩ご飯食べているときに思いついたんだけど……」と言うよりも、「昨日、晩ご飯のサンマを口に入れた瞬間に思いついたんだけど……」と言うほうが、話に惹きつけられます。

子どもへの話し方でも同様、**何事も具体的にしていくことが肝心**なのです。

教室では、子どもたちの名前を挙げて話してみる。「元気にあいさつしてくれた人がいました」と言うより、「朝から二人、元気なあいさつで驚きました。田中君と、斉藤さんなんです」と言ったほうが、子どもは集中して聞きます。

授業の発問も、具体的に。

国語なら、限定して問う。

「主人公が変わった瞬間はどこですか？」「全体を二つに分けるならどこで分けますか。線を引きなさい」「おにぎりの大きさはどれくらいですか？」。限定して問うことで、子どもの思考にスイッチが入ります。

社会や理科なら、数を問う。

「消火栓は何個ありますか？」「蛇口は何個ありますか？」「花びらは何枚ありますか？」という具合です。

体育なら、具体的なたとえを使って話す。

「（水泳で）クラゲになりなさい」「綿毛になって跳びなさい」「静かにボールが転がるように回ってごらん」

また、言葉で説明せず、**具体物を提示してみる**のもいいのです。

黙って柿の実を掲げる。

これだけで教室は「秋」になります。

具体物を提示
秋！
名前を挙げる
斉藤さん
田中くん
元気に
あいさつして
くれたのは…
数を問う
花びらは
何枚？
えーと
1.2.
3.4…
限定する
お話1
全体を
2つに分ける
なら？
えーーと…

音楽の指導で「虫の声」をするとき、本物のコオロギを持ち込みます。本物がなくても、iPadを持ち込み、YouTubeで虫の声を聞かせればいいのです。

具体的に話そうとすると、教師自身も考えを深めようとします。話す内容についてもう一度考えを整理してみたり、たとえ話を使ったり、話す順番を考えたり――。

具体化していくことは、子どもを惹きつけるだけでなく、教師が思考するためのツールでもあるのです。

子どものやる気を引き出す「注意の仕方」

教師の言葉は、クラスへの影響力が大きいので、ときにその子どもに対してレッテルを貼ってしまうこともあります。

たとえば、掃除をさぼっている子どもを注意するとしましょう。

「また掃除さぼってるんじゃないの?」と言うと、それを聞いた子どもたちも、その子がいつも掃除をさぼっているダメな子だと思うでしょう。

そのようなときは、**「掃除、頑張ってる?」**と声をかけるといいのです。これなら、言われた子どもも「そうだ、頑張らなきゃ」と素直に聞くことができるはずです。

「また忘れ物したの？」「またそこで間違えてる！」「またケンカしてる」
「また」は、つい口をついて出てしまいがちですが、そこは注意が必要です。「〇〇君は、いつも忘れ物をする子」「〇〇君は勉強のできない子」「怒られるのは、いつも〇〇君」という共通認識をクラスに植えつけてしまうことになるからです。

ものは言いよう。

注意する子どもだけでなく、それを聞いている子どもたちのことまで視野に入れて、言葉を選ぶことが大切です。

また、「言葉の選び方」だけでなく、「言い方」でも工夫ができます。
たとえば、毎日のように忘れ物をしたり、私語をして怒られている子がいたとします。しかし、その子はドッジボールがとても上手い。
ならば、その子は「ドッジボールの達人」としてクラスの有名人になればいいのです。日頃から、何か一つでも周りに一目置かれていることがあれば、たとえ何度も注意されたとしても、周りが見る目は変わりません。

子どもを注意するときには、そのこと以上にその子のプラスの価値を見いだしてあげればいいのです。

「言葉」の力は大きい。

それだけに、頼りになるものでもあるし、怖いものでもあります。

「ほめられて育った子は人を認めることができるようになる」「毎日叱られてばかりの子は人の欠点ばかり見るようになる」と言いますが、本当にその通りだと思います。

「話す力」もダイエットや筋トレと同じ

「話す力」は「話すこと」によって鍛えられます。

では、その話すことを、日常にどのように取り入れていったらよいのでしょうか。

「日常に」というのがポイントです。「特別何かしている」といううちは、力はつきません。ダイエットや筋トレも、習慣化してこそ確実な結果が出る。

話すことも同じで、**「日常的に話す環境を整える」ことこそ、本当の話す力をつけるために重要**なのです。

学校の言語環境の基盤は、何といっても教室です。

子どもたちに言葉の力をつけるために、次の4つのポイントをチェックしてみましょう。

①「やりっぱなし」になっていない？

一分間スピーチや、一言スピーチなどを実践されている方は多いと思います。

たとえば、子どもが「昨日USJに行きました。楽しかったです」と一言スピーチをする。そこで、拍手↓「では次の人」となっていないでしょうか。

せっかくスピーチの時間を設けても、やりっぱなしになっていては、話す力は育ちません。先のようなスピーチだった場合、「何が楽しかった？」「物足りない」「くわしく言いましょう」「それではあまりにも短いな」などの声がけをし、内容をふくらませる手助けをしましょう。

ちなみに、私のクラスでは、日直が給食のいただきますのあいさつを言う前に、ひと言スピーチをしています。

②なんでも言える空気になっている？

子どもたちが話せない、書けないなどの背景には、メンタルの部分が大きく関わっていると実感しています。

笑われるかもしれない。恥をかくかもしれない。

そのような感情が心を支配して、声を出すのをとどまらせているのです。

「一生懸命に頑張ったら結果はどうあれ担任の先生が認めてくれる、仲間が真剣に聞いてくれる」という集団をつくることに全力を尽くしましょう。私は、教師の仕事の九割がこれだと言っても言いすぎではないと考えています。

「話せる」という事実は、教室環境や仲間との関係性に大きく左右されます。

「変なことを言われない」「笑われない」「聞いてくれる」「間違ってもいい」

子どもがそう感じる空気をつくるのは、日々の教師の言葉がけにかかっています。

③この「必須アイテム」はある？

辞書が手元にあるか。そして、その辞書が使われているかが大切です。

私の理想は、「消しゴムを使うように辞書を使う」子どもたち。そのために、様々な

「辞書遊び」を日頃から実践しています。「辞書の早引き」はもちろんのこと、辞書の意味を読んでどの言葉かをあてる「辞書クイズ」など、子どもたちは実に熱中します。

また、詩集や絵本なども強力な言語環境です。たとえば、工藤直子さんの詩集『のはらうた』（童話屋）を使っての「のはらうたクイズ」。詩を読んで、何の動物のことかをあてるのです。

これは、以前、九州で飛び込み授業をしたときに実践したことがあるのですが、初めて出会う子どもたちにもかかわらず、大いに盛り上がりました。

偉大な作品の偉大な力を借りて、話す力を伸ばすのも一つの手です。

④教師自身が言葉にこだわっている？

子どもにどんな言葉の力をつけたいのか。

子どもにどのような話し手になってほしいのか。

子どもに話す力をつけてほしいなら、なんといっても教師のこだわりが大切です。

教師自身がきちんとした言葉の使い手になっているでしょうか。〝きちんと〟というのは、子どもに一人の人間として丁寧な言葉遣いで接しているかということです。

子どもにとっての一番の言語環境に、私たち自身がなりましょう。

できる教師は、「3つの聞き耳ずきん」を使い分ける

発言できる子どもたちを育てたい。

これは、すべての教師の願いだと思います。

いい話し手を育てるには、まずは教師がいい聞き手になることです。

とはいえ、子どもの話をいつも「うんうん」と聞くことだけが、教師の役割ではありません。

子どもの話す力を伸ばすには、こんな3つの「聞き耳ずきん」を、時と場合に応じて柔軟に使い分けていくことが大切です。

①「子どもが話しかけたくなる」聞き耳ずきん

授業中、素晴らしい聞き手である先生は多いと思います。

しかし、授業以外の日常会話ではいかがでしょう。

忙しさに追われ、子どもたちの話をシャットダウンしてしまっていることはないでしょうか。

日常の何気ない会話でこそ、この聞き耳ずきんを意識して発揮したいものです。

②「仲間と話し合う子どもに育てる」聞き耳ずきん

授業中、子どもたちは一生懸命に教師のほうを向いて発表します。教師は一番の聞き手としてそこに存在します。それはとても大切なことです。

しかし、いつも子どもが先生のほうばかり向いていては、他の子どもたちと一緒に授業をする意味がありませんし、何より子どもたちが教師の反応ばかり見て話すようになってしまいます。

ときには、教師が自分の気配を消す。

発表した子どもにすぐにリアクションを返さず、あえて黙ってみる。

仲間に必死に説明したり、仲間と一緒になって教師の説得にかかるよう仕向けるのです。これは、仲間と話し合う雰囲気をつくるための「聞き耳ずきん」です。

③「つぶやきを拾える」聞き耳ずきん

子どものつぶやきには、その子の本質が隠れています。

「お腹痛いなあ」「何でそんなん言うん」「だってお母さんが……」「やった、できた！」。性格や考え方、そのときの気分、不安に思っていることなど、子どもを理解するヒントが散りばめられているのです。

とはいえ、「ん？　また悪いことしてるな」「この子の発言は、いつもクラスをかき乱すからな」と、子どもの悪い面ばかりを拾う〝地獄耳〟になってはいけません。宝石のようなつぶやきを拾える耳を持つことこそ、教師の使命ではないでしょうか。

私は、子どもの面白いつぶやきをメモすることを習慣にしています。常にメモ帳を持ち歩き、光る言葉に出会った瞬間、さっと書きとめておく。

たとえば、最近メモしたのは、「勉強って遊びみたいなもんやん」という子どもの言葉。教師冥利に尽きる、嬉しい言葉でした。

聞き方のスタンスは、教師としての生き方のスタンスそのものとも言えます。
押したり、引いたり、ときには一緒に闘ってみたり。
しなやかに「聞き耳ずきん」を使い分けていきましょう。

たわいない話の中にこそ、子どもの本質がつまっている

担任している教室をちょっと斜め上から俯瞰している状況を想像してください。子どもが一生懸命、あなたに話しかけています。生き生きと目を輝かせながら話しています。

「（鬼ごっこで）先生にはつかまらなかったぜ」

「先生、食べれた。おかず全部食べられた」

「先生、タマムシって何食べるんですか？」

子どもたちの話の中には、たわいのないものもたくさんあります。むしろ、そのほうがずっと多いでしょう。

しかし、そんな**「たわいのない話」の中にこそ、その子どもの考えや思いの本質がある**ように思います。

「つかまらなかったぜ」**（↓僕、足速いでしょ！）**
「おかず全部食べられた」**（↓先生、もっとほめて！）**
「タマムシって……」**（↓昆虫のこと、もっと知りたい！）**

〝百〟、たわいのない話を受け取ったら、その中に含まれている〝一〟のメッセージを受け取ることができる教師でありたいと思います。

また、子どもがたくさん話してくれるようになるには、「聞き手」が重要です。人は**「食いつきのいい人」**に話したくなるのです。「食いつきがいい」とは、**「リアクションがいい」**ということです。

言葉のリアクション。
（↓忙しくてもひと言「よし！」「すごい」「大変やったなあ」などと言葉を返す）
表情のリアクション。
（↓にっこりする、頬をふくらませる……表情でなら一秒で返せる）

指サインでのリアクション。
（→離れたところからでも、親指を立てて「バッチリ」のサイン）
動作でのリアクション。
（→ときには踊ってでも喜びを伝える！）

子どもから話しかけられたら、さっとその場でリアクションを返す。
「聞いているよ」「わかるよ」という思いを伝えるには、言葉だけでなくいろいろな方法があるのです。

子どもにきちんとリアクションをする。
疲れていたり、忙しかったりするときこそ、その力が試されています。

できないと思えば、可能性もゼロになる

私のクラスでは、ネガティブな言葉を使わないことを目標にしていますが、これは子どもたちだけでなく、私たち教師も気をつけたいことです。

言葉は精神面にも大きく影響します。

ダメだと思ったらやる気は出ない。

できないと思った時点で可能性はゼロになる。


ハツラツ先生になるために。

〝口にしたくない言葉〟を挙げてみます。

△「今年のクラスは外れだ」

子どもに面と向かって言わなくても、これでは子どもたちはかわいそうです。確かに大変な状況を引き継ぐことはありますが、それをどう改善していくか。スイッチを切り替えましょう。

△「○○先生はできるからいいけど……」

自分で限界を定めてしまってはもったいない。「どうやったらできるの？」と考えていくことです。

△「どうせ……」

どうせ、からは何も生まれません。このような言葉を口にしていると、仕事も人生も楽しめなくなる。「せっかくだから」と考えましょう。

△「まあまあ、子どもなんだから」

一緒に仕事をしたことがある先生で、このセリフをよく言っている人がいましたが、教師がこれを言ったらおしまいです。「子どもなんだから」ではなく、「子どもだからこそ」です。

△**「本を読む暇がなくて……」**

時間がないのではなく、本を読むのが嫌いなだけです。本が好きな人は、どんなに忙しくても〝つい読んでしまう〟もの。教師たるもの、日頃から本に触れていたいものです。

△**「このやり方しかない」**

決めつけたら終わりです。他に方法がないか。常によりよい方法を模索していく姿勢を持ちましょう。

△**「またやってみます」**

たぶん、一生しません。

これらはすべて、私自身が痛い目を見たことがあったり、実際に周りの先生たちが口にしているのを聞いたりしたことがある言葉。現場から生まれたNGワード集です。

以来、絶対に使わないようにしようと自分に言い聞かせています。

column

あいさつは「交換」

あいさつは誰かを変えるためのものではありません。

自分が変わる行為です。

誰かにあいさつをすることで、自分の気持ちを高めていく。心にカチッとスイッチを入れる。それがあいさつだと思います。

もちろん教師ですから、子どもたちにあいさつの大切さを話すことはあります。「あいさつしなさい」と指導することもあるでしょう。

でも、大切なのは私たち教師が実行するときです。

百聞は一見にしかず。あいさつの大切さを言葉を尽くして説明するより、教師がいいあいさつをすることのほうが、ずっといい手本になるのです。

残念なあいさつがあります。

「おはよーございま**ま**す!!!!!」

文字では伝わりにくいですが、「ま」が強調され、「す」の後にびっくりマークが五つほどつくようなイメージ……言うなれば「あいさつしろよ!」という押しつけのあいさつです。朝からこんなあいさつをされたら、子どもたちはたまりません。

あいさつは、交換。「今日もお互いにいい一日にしよう」という、教師と子どもの一瞬の心の交換です。

「今日も元気に会えてよかった、先生待ってたで。一緒に頑張ろうな、楽しもうな」というあいさつをしましょう。当然、そのときは自然と笑顔になるはずです。

もちろん、あいさつに年齢も立場も関係ありません。

自分からどんどんしていきたいものですね。

part 3

【習慣】編

できる教師の「24時間の使い方」

「子どもの目線になる」いちばん簡単な方法

子どもの頃、「大人には、自分の気持ちなんてわからない」「先生はしょせん、『先生』なんだから」とガッカリした経験はありませんか。

それは確かにその通り、教師が子どもになり代わるのは不可能です。

でも、「子どもになる」ことはできなくても、**「子どもの目線になる」**ことは、いくらでもできます。

特に、**「一緒に遊ぶ」ことは、子どもの目線になることができる一番効果的なツール**だと思います。

昼休みなどの長い休み時間には、私は子どもたちと思いっきり遊んでいます。

最近はもっぱら、ドッジボールと鬼ごっこ。

鬼ごっこには、ちょっとしたこだわりがあります。黒服のハンターが参加者を追いかけるテレビ番組がありますが、私のクラスの鬼ごっこも、それをまねしているのです。

私は、その番組の独特なナレーションを真似しながら走っています。子どもたちも喜んでくれますが、走り回っている間は、私自身も子どもに戻ったような錯覚に陥ります。

子どもの体力についていけなくても、一緒に外に出るだけでもいいのです。

それだけで子どもの目線になれるはずです。


「子どもの目線になる」とは、「子どもの思考になる」「子どもと行動する」ということです。一人、職員室の机に向かって、じっと子どもの思いを想像するよりも、子どもと一緒になって動いてみる。

頭だけで考えるのでなく、実際に行動してみることで見えてくることはたくさんあるのです。

「イメージ」に「楽しさ」のトッピングをのせて語る

子どもは、どんなことも「遊び」に変えてしまう天才です。作文でも音読でも、ゲーム感覚を取り入れた途端、目に見えて表情が生き生きとしてきます。

作文を書くのでも図工で作品をつくるのでも、「先生にやらされる作業」と「ゲーム感覚でやりたくなる作業」では、〝結果〟に雲泥の差が出る。

だからこそ、子どもたちには、**これから取り組む作業の「楽しさ」を伝える**ことです。

どうしたら楽しさを伝えることができるのか。

まずは、教師自身が今からやることにうずうずしていること。これが大前提です。

その上で、**子どもが「イメージできる言葉で語る」**ことです。

「リンゴくらいの大きさだよ」「みんなの顔よりも大っきいのをつくるんだぞ」「雷が鳴るくらいに大きな音だったんだよ」と、子どもたちのよく知っているものや、想像しやすい状況にたとえて話す。

「小さく描いてはだめだよ」と言うよりも、「これどう思う?」と黒板に描いて示す。子どもの頭の中に絵を描くように語るのです。

そして**「表情」**。表情豊かな人の話は面白い。物言わぬ「表情」こそ、楽しさを伝える大きな武器になります。

さらに**「動作」**も大きい。右へ歩きながら急に一番左の子を指さして話す。教室の一番後ろまで移動して話す。

〝ボディランゲージ〟というぐらいです。音声だけでなく、物言わぬ部分も同じように大切なのです。

とはいえ、これらすべての要素を一度に意識することは、最初は難しいかもしれません。言葉に気をとられて表情が硬くなってしまったり、動作を意識するあまり言葉がスムーズに出てこなかったりすることもあるでしょう。

「今日は特に『表情』に気をつけよう」と、一つか二つ意識する項目を決めて子どもたちの前に立つだけで、随分と話し方が変わってくるはずです。

また、読み聞かせや、紙芝居も話し方のいい練習になります。放課後、誰もいない教室でうろうろしながら一人模擬授業をするのもいいでしょう。

子どもはもちろん、大人だってイメージできない作業に対して夢中にはなれません。「こんなに楽しいことが、目の前に待っているんだよ」と、「イメージ」に「楽しさ」のトッピングをのせて語りましょう。

作文なら「先生、もう早く書かせて」。

図工なら「先生、早くつくらせて」。

こんな声が教室から聞こえてきたら、しめたものです。

楽しさ
表情
イメージ
先生、早くやりたい！
動作

「教師の勘」は磨くことができる！

子どもたちに接していて、「ああ、何かいい流れが起きているな」とか、「なんだか嫌な予感がする」などと感じることはありませんか。

いわゆる「**教師の勘**」というものです。

勘は、理屈で説明できるようなものではありませんが、確実に身につけることができる。

私は経験から、そう確信しています。

教師としての勘を身につけるためには、当たり前のことですが、子どもと真剣に向き合い、日頃からしっかりコミュニケーションをとることに尽きると思います。

見ているようで見ていない、話しているようで話していない、ということは案外多いものです。

日常の何気ないおしゃべりや、やりとりを通して、しっかりと子どもを見つめる。そのような中で磨かれるのが、教師の勘というものではないでしょうか。

かくいう私も、その勘を甘く見て失敗してしまったことがあります。

ある日、給食配膳中に、当番の子の一人が咳をしました。決して大げさなものではなかったのですが、盛りつけを手伝っていた私は、なんとなく気になりました。「あ、調子が悪そうだな」。そう思いながらも、配膳に気をとられてやり過ごしてしまいました。

そして、ほとんどの子が給食を食べ終え、まもなくごちそうさまというとき、その子が急に嘔吐してしまったのです。悪いことにその子の席は教室のど真ん中、クラス中が騒然となりました。

その子はきっと、気分が悪いことを言い出せずに我慢していたのでしょう。咳をしたときに、「調子が悪いときは言ってね」とひと声かけていれば、その子が嫌な思いをせずにすんだはずです。

もちろん、中には、気分が悪いことをはっきりと訴える子どももいます。
しかし、その子どもは、日頃から主張するのが苦手で、じっと我慢するタイプでした。
だからこそ、その子の咳が気になったはずなのです。
変調に気づいていただけに、よけいに悔しい思いをしました。

子どもは必ずどこかでサインを出しているものです。
いい予感でも、悪い予感でも、教師の勘をあなどるなかれ。

頭の回転の速さは、歩く速さに比例している!?

できる教師は、あらゆることにスピード感があります。

まず歩く速さ。スッスッと小気味よく歩いていきます。歩く速さは頭の回転の速さと関係していると言われますが、どうも一理ありそうです。

そして、話し方。整理されていて、無駄に長くない。〝切り替え〟も早い。

授業。リズムもテンポもいい。授業の流れがちゃんと頭に入っているからこそです。

テストの丸つけや成績つけ。テスト中に丸つけをして成績までつけてしまう。

メールの返信。メールに気づいて返信できる環境なら即レスポンス。鉄は熱いうちに打つ。メールも用件が冷めないうちに打つ。

行動しながら、同時にいらないものは捨てていくイメージです。

スピードよく物事をこなせれば、その分じっくりと子どもたちに向き合うことができます。教材研究の時間もしっかりと確保できるでしょう。

スピード感は、「反射力」。
スピード感は、「危機管理能力」。
スピード感は、「未来予測力」。
スピード感は、「決断力」。
スピード感は、「熱意」。
そして、スピード感は、「即反応できるか」。

スピードアップするための努力が、同時に様々な力を磨いてくれます。
このことは、どんなことにも通じる成功の秘訣ではないでしょうか。

授業のヒントは、教育書とは一番遠いところにある

違う生き方をしている人、違う分野で活躍している人の知恵を吸収する。
このことは、想像以上の効果を私たちにもたらします。

生物学者である福岡伸一氏の『ルリボシカミキリの青』（文藝春秋）という本がありま
す。いわゆる科学エッセーのような内容なのですが、その中に「なぜ私たちは太るのか」
という項があり、一日の消費カロリーと太ることとの関係がわかりやすくユーモラスに書か
れていました。

家庭科で健康についての話をするときは、これを子どもたちに配って読ませたら面白い

のではないか――ワクワクしながら読みました。

歴史の裏話が書かれたような本も、ネタとして面白い。そのまま子どもたちに話したりはしないものの、興味を持つきっかけとして導入で紹介すれば、間違いなく子どもたちの耳目を集めるでしょう。

新しい単元の授業を考える。研究授業で新しい提案をする。飛び込み授業をする。

新しいアイデアがほしいときは、書店で一見授業とは全く関係のない棚も眺めてみましょう。

もちろん教育書で先行実践などを調べるのは大切なことですが、**ときには教育とは全く関係のない分野に触れてみると、思いつくことがある**はずです。

美術の棚、サイエンスの棚、工学の棚。どんなところにどんな授業のネタが潜んでいるかわかりません。

思いがけない授業のヒントは、教育書とは一番遠いところに眠っていたりするものです。

印刷やコピーは、楽しみながら片づける

印刷やコピーは雑用だと思っていませんか?

でも、こういった作業にこそ、仕事の段取りがつまっています。

一度、クラスの人数分のプリントを印刷をするのにかかる時間を計ってみてはいかがでしょうか。

ストップウオッチ、ピッ!

印刷機に原稿を入れ↓目的のサイズの紙をセット↓製版↓枚数をセット↓印刷ボタンを押す↓残った紙を元の場所に戻す↓原稿を抜き取る↓電源を切って印刷室から

退出。

ピッ！

慣れれば三分ほどで完了、颯爽と印刷室から出て行く自分に酔いしれる（笑）。

要は段取りです。

その行動の先まで見越して動くかどうか。

二種類、三種類の印刷物作成を一人で、それも短い時間の中でこなすときなどは、なかなかに奥が深く、工夫しがいがあります。

このように、**印刷にどれくらいの時間がかかるかを把握しておけば、休み時間や空き時間を有効に使うことが可能**です。

また、コピー機の機能を活用することも時間短縮に役立ちます。

複数枚の用紙を一枚の用紙に集約する「集約モード」。縮小して一枚ずつ貼り付けるなどという手間は、ボタン一つで解消できます。

全体を少し縮小して周りに余白をとる機能。これもボタン一つ。コピーしたものにパンチで穴を開けるとき、子どもの字にまで穴を開けなくてすみます。

ちなみに、子どものノートや日記をコピーして残すときは、紙面に名前を書かせるのはもちろんのこと、一回り大きいサイズの用紙設定にし（B4の大きさならA3サイズに設定する）、そこからB5に縮小すれば十分な余白がとれます。

あなどるなかれ、印刷、コピー。

少しの工夫で、ただの雑用が〝小さな楽しみ〟に変わります。

本を読み、使う。実践的読書のススメ

本は、「読む」だけでなく**「使う」**こと。これが重要です。

私は、使えると思った本は、カバーを裏返しにして「話し方セミナーに使える！」「子どもに話したいこと、たくさん」などと書き込みます。背表紙にも同じように書く。もちろん、本文で気になった箇所があれば線を引き、余白にコメントも書き込みます。

このようにして、**本を自分仕様のオリジナル本へと変身させる**と、その本は確実に自分の血肉となるはずです。

また、本は、それと出会うときの自分によって、様々な顔を見せてくれます。

久しぶりに読んでみると、自分が成長した跡がわかる。ときには忘れていた大切なこと

に気づく。**本と向き合うことは、自分と向き合うこと**なのかもしれません。

先日、昔読んだ本を久しぶりに開きました。大村はま先生の『教えるということ』。駆け出しの頃、何度も読み返した一冊です。

この本の帯には「教えない先生が多すぎる」とあります。改めてハッとしました。その衝撃に背中を押され、蛍光ペンで線を引きながら、本文を読み返しました。

この本の初版は昭和48年。私はまだ生まれておらず、父から譲り受けたものです。読み進めながら、〝過去の私〟と〝過去の父〟からの二重のエールが届いてくるように感じました。

誰かにすすめられた本は買う。ん？　と思った本は買う。

私のお給料のほとんどは本に消えていきます。

お金は消えていきますが、**「気づき」「やる気」「知識」**、そんな目には見えない大きなリターンがあるのもまた、本の大きな魅力です。

経験を生かせる人、生かせない人

インプットとアウトプットは、にわとりと卵のようなものです。インプットがなければアウトプットはできませんし、その逆もまた然りです。

何事も経験だと言われますが、**一度インプットした経験も、どんどんアウトプットしていかなければ、次に生かすことは難しい。**

せっかくの経験を血肉として定着させるために、日々アウトプットする習慣をつけたいものです。

私は、**「とりあえず、箇条書きにして書き出す」**ということを徹底しています。

先日、二年生全員でリレーをしたときに、子どもたちの様子から様々な発見や反省点が出てきました。

①バトンパスの練習をしているクラスとそうでないクラスでは全然違う。
②二年生でも正式なバトンを使える。バトンパスの練習は有効である。
③「リード」という意味がわかっていない子がいる。
④一度に走る人数が多すぎた。
⑤どこへ走るのか、というレベルのことから話しておく。
⑥次の走者が誰なのか、ゼッケンなどがないとわからない。教師も。

このようなたくさんの気づきを得る（インプットする）機会に恵まれたときは、必ずすぐに書き出しておく（アウトプットする）ことです。

山のようにインプットしたかったら、山のようにアウトプットしましょう。

メモに書き出す。サークルや勉強会で語る。同僚や友達、家族に語る。

アウトプットして空いたスキマには必ず、次の価値あるインプットが舞い込むものです。

放課後の過ごし方にもひと工夫

放課後、子どもたちが帰ったら、教室の床のゴミ拾いをして、子どもたちの机を揃えることにしています。

それが終わってから、私は授業記録を書きます。

子どもたちがいた時間とはうって変わって、シーンと静まり返った放課後の教室。**子どもたちの声がしないからこそ、「聞こえてくること」**がたくさんあります。

時々、子どもたちのイスに座ったり、後ろのロッカーのところから全体を眺めてみたりする。そしてまた、授業記録へと向かうのです。

私の授業記録を少し紹介します。

夢虫っ子さすが（＊二学期スタートの日の授業記録。通信用の文体で書いています）

一日目からさっそく夢虫《むちゅう》っ子たち、さすがです。

子どもたちに「とっておき一言情報カード」というものを書かせました。

夏休み中のことで、紹介したいことを一言で表します。「肉」とか「プール」とか、「シマダイ」などなど。これだけ示されると、次を聞きたくなりますよね。

それをお隣同士で聞き合う、というわけです。そして話すのに慣れていく。

そのカードを書いている最中に、私はこう言いました。

「では、先生ちょっと急に職員室でコピーしてこないといけなくなったけど、安心して行ってくるからみんなは静かに続きをしていられるよね？」

はーい、と夢虫っ子たち。かくして私は下へ。職員室へは結構な長旅なのです（笑）。

急いでコピーして帰ってきます。階段の二階くらいからちょっとドキドキします。

騒いでないかなあ、歩いていないかなあ……でも、そんな心配は無用でした。シーンとして黙々と書いているのです。その落ち着いていること!! 感動です。

二学期の一日目、うわついてしまうこともあります。しかし、しっかりと落ち着いてどの子も書いています。すぐさま、

「ちょっと手を止めて。ごめん。どうしても言いたいことがある。もうね、先生感動やわ。今ちょっとドキドキしながら階段上がってきたんよ。でもね、全然声聞こえないんよ。で、ドア開けたらこれや。シーンや。さすがやなあ。今日一日目ですよ！　素晴らしい。やっぱり君たちはすごい」

本当に嬉しくて、感動してべらべらと一気に話しました。「これ、夢虫に載せるで」と言ったことは言うまでもありません。

叱るときは冷静に。ほめるときは感情的に。

素晴らしい二学期のスタートが切れました。

今の二年一組（十月）

キンモクセイの香りとともにふく風が気持ちいいですね。

教育実習生の吉田君がフリー参観の日から教室に来ています。只今、先生になるために必死に勉強中。せっかく一カ月いるのだから、色々と体験して、感じて、気づいて帰ってもら

おうと思っています。毎朝打ち合わせをして、放課後反省会。その繰り返しです。

毎日一つ、お題を出して、そのことを考えながら一日を過ごしてもらっています。最初のお題は「学ぶこと＝○○○こと」。○の中の文字を考えてもらうことでした。吉田先生、熱心です。

子どもたちも吉田先生のことが大好きです。最近では、授業もしている吉田先生。子どもたちは一生懸命に授業をもり立てています（さすが夢虫っ子！）。

毎日楽しい時間があっという間に流れています。

授業記録を書いて、今日一日を〝かけがえのない一日〟にしましょう。

column

〝残念な人〟に出会ったら……

〝残念な人〟って、いるものです。
人が傷つくことをズケズケ言う人。
いつもいつもしかめっ面をしている人。
根も葉もない噂を広める人。
子どもに「おまえら！」を連呼している人。
子どもの悪口ばかり言っている人。
きちんと話をしたこともない誰かのことを批判する人――。

そういう人に出会ったら、嘆く前に考えてみてください。
これは自分自身を振り返る絶好のチャンスだと。

平気で人が傷つくことを言う人は、本人はそれに気づいていません。自分でも無意識のうちに、知らず知らず人を傷つけています。怖いのは、教師であれば、それを子どもにもしてしまっているかもしれないということです。

だからこそ、です。
そんな人に出会ったら、自分も誰かを傷つけるようなものの言い方をしていないか、振り返ってみます。

いつもしかめっ面の上司がいるなら、自分は子どもの前でどんな顔をしているだろうかと振り返ってみる。教室の中で、教師が子どもたちにとって〝しかめっ面の上司〟になってはいけません。

身近に〝残念な人〟を見つけたら、明日の自分がそうならないためのレッスンだと気持ちを引き締めましょう。

part 4

【学級づくり】編

今日からできる「ちょっとしたすごいコツ」

間違ったときに、どう対応するか
——子どもはここを見ている！

間違ったり、悪いことをしたりしたときに、きちんと謝る。

これは、当たり前のことです。

とはいえ、相手が大人であれば素直に謝ることができても、子どもには「ごめん」と言いづらいと感じることはないでしょうか。「教師としてしっかりしなければ」という責任感ゆえに、自分の非を認めづらい——そんな思いもあるかもしれません。

しかし、教師だって人間です。

間違うことだってて当然ある。

子どもはとても敏感です。

むしろ、**間違ったときにどう対応するか。そこを子どもはよく見ている**のです。

ある日、三時間目の授業に少し遅れて教室に入りました。

「教科書○ページ！」と授業を始めようとしたのですが、どうも子どもの様子がおかしい。「え〜算数なん？」という不満げな声まで聞こえてくる。「〝え〜〟は、なしや。みんなのやる気がなくなるやろ」と言ってはみたものの、子どもたちは一様に妙な顔をしています。そのとき、私は時計を見てハッとしました。自分が間違っていることがわかったのです。実は、私が算数と思っていたのは二時間目のことで、今は三時間目。生活科の時間だったのです。

私の勢いに押され、二年生の子どもたちは間違いを指摘できなかったのでしょう。もしくは、私が強引に授業を変更したと思ったのかもしれません。

自分が間違っているのに、子どもたちをとがめてしまった自分が情けなくなりました。

「ごめん。先生、完全に勘違いしていた。今は三時間目やったな。ごめん。二時間目の算数と勘違いしていました。本当に悪かったわ」

とっさに謝りました。

素直に謝ることができる子どもを育てたいなら、教師自身が、お手本になりたいと思います。

「間違う」ことよりも、「間違ったときに謝ることができない」ことのほうが、ずっとよくない。

そのことを子どもたちに伝えていきたいものです。

子どもたちの前で間違ったときは、むしろチャンスと心得ましょう。

クラス全体が一気に成長する瞬間がある！

作文がうまく書けるようになった。
給食を残さず食べられるようになった。
発表が上手にできた……。
子ども一人ひとりが成長していく姿です。
そして、**個人の成長とは別に、クラス全体が成長する瞬間もあります。**
それは、**子どもたちが「仲間意識」を持ったとき**です。

クラス編成後しばらく経つと、学校は二種類のクラスに分かれます。「四月からたまたま居合わせたままの状態の集団」と、「仲間として機能している集団」です。

研究授業などで授業を参観するとき、発言している子以外の子どもたちを観察してみてください。いわゆる〝周りの子〟の反応で、そのクラスがどちらであるかがわかるはずです。

仲間意識のあるクラスは、発言者に対してしっかり意識が向いています。教師が話しているときも、クラス中が先生の目を見つめています。

一方で、友達が発言しているときに他の子どもがそっぽを向いていたり、それを担任の先生がスルーしているなら、そのクラスはまだ〝たまたま集まっている集団〟のまま。仲間としての機能を果たしていません。

教師がいつも、対個人を相手にその場限りの対応をしていると、仲間意識は決して生まれません。

叱っているときは「本人」だけでなく「周りの子」も視野に入れた言葉がけをする。

授業では友達の発言を言い換えさせたり、つなげさせたりする場面を何度もとる。

そうすることで、仲間の発言を意識して聞くようになります。仲間の学びが、自分の学びになるのです。

クラスが「たまたまの集団」になるか、「仲間意識の集団」になるかは、「教師が、ことあるごとに〝仲間〟を視野に入れて語っているか」で決まる。

いつも、心に留めておきたいものです。

言葉の力をつける①
――日本語の面白さを伝える

日本の教師として伝えていくことができる喜びの一つは、**「日本語の面白さ」**だと感じています。正確には「伝えていく」というよりも「一緒に楽しんでいく」というイメージでしょうか。

日々、教室にあふれ返っている、子どもたちの言語力発展途上の「面白い言葉」。教室はまさに言葉の宝の山です。

それらの言葉に乗っかって、教師と子どもが一緒になって日本語の面白さを見つめていきましょう。

毎日おなじみの、一日の終わりの連絡帳を書く場面。ある日、ちょっとした遊び心で、全部カタカナで書いてみました。

シ：①サンスウプリントニマイ
②ホンヨミ
③ニッキ（コンテストデス！）
モ：④サンスウプリント
※「シ」…宿題、「モ」…持ち物のこと。

子どもたちからは、「先生読みにくい」とか、「『プリント』は元からカタカナだね」という声が聞こえてきます。

そんな中、カタカナにすることで意味が二通りにとれる文章が出てきました。「チョウカイアリ」と書いたとき、ある子どもが「蝶、貝あり」という意味だととらえたのです。実際には「朝会あり」の意味。みんなで大笑いしました。

子どもも教師も一緒に楽しみながら、日常の些細な言葉の面白さに気づく感性を身につけていきたいものです。

言葉の力をつける②
――〝ちょっと変わった〟作文で遊ばせる

言葉の力をつけるための日常の取り組みとしておすすめなのは、文章で「遊ぶ」ことです。

子どもたちに文章を書かせるとき、生活のことや経験したことだけを淡々と書かせていたのでは、決して書くことを好きになってはくれません。

それればかりか、文章を書くことへの苦手意識を植えつけてしまうことにもなりかねない。

だからこそ、文章で「遊ぶ」。

たとえば以下のような書かせ方をしてみます。

①一日を箇条書き十文で書いてみます。
②オノマトペだけで一日の日記を書きます。
③隣の友達になりきって今日の日記を書きます。
④先生になりきって、自分のことを書きます。

少し視点を変えるだけで、まだまだ無限に文章で遊ぶことができるのです（拙著『小1～小6年〝書く活動〟が10倍になる楽しい作文レシピ100例』明治図書）。


新しい視点をどうやってつくるのか？

ひと言で言えば「遊び心」です。

子どもたちは、遊びをつくり出す天才です。教師はその上を行くくらいでなければ太刀打ちできません。

作文のテーマでも授業でも、「遊び心」は大きな発想の泉になると思います。

教師の遊び心満載の、ちょっと変わった「書くこと」を子どもたちに提示してみる。

「作文」で遊びながら、言葉の力をつけていきましょう。

言葉の力をつける③
――〝表現の違い〟で遊ばせる

子どもたちに問いかけます。**「次の文章の違いは？」**

（A）笑いました。
微笑みました。
にんまりしました。
笑顔になりました。

（B）鉛筆なら貸してあげる。
鉛筆を貸してあげる。
鉛筆だけ貸してあげる。
鉛筆も貸してあげる。

子どもに文章を書かせるときは、「書き方」も同時に指導していきます。

右に挙げた方法も、単に違いを考えるだけでなく、実際に使う場面を例にとって書かせてみるのもいいでしょう。

また、現在担任している二年生の子たちとは、**「マイ言葉辞典」**といって、言葉の意味を自分で考えて書く、という取り組みを毎日続けています。

たとえば「自転車」。

> 自転車「そう遠くないところへ行くための乗り物」
> 例　文「自転車でスーパーへ買い物に行く。」

これを考えたのは飛び込み授業を行った先の四年生ですが、「そう遠くないところ」というのが、何とも生活感があり、秀逸です。

子どもの言葉の感性を磨く遊びは無数にあります。

「言葉」を意識した取り組みをクラスにあふれさせていきましょう。

教師の姿が見えないときこそ、子どもたちは大きく成長する

授業をする、休み時間に一緒に遊ぶ、給食を一緒に食べる――子どもたちと正面から向き合うことだけが、教師の仕事ではありません。

ときには、子どもたちだけで過ごしている様子を傍観してみる。それも、子どもたちの自主性を育てる大事な仕事ではないでしょうか。

「先生が来るまで、算数の答え合わせをして待っていてね」

「あと十分、静かに本を読んで待っていてね」

私は、このように子どもたちに指示することがあります。そして、しばらくして教室に

戻ってみる。教室に近づき、ドアからのぞいてみると……子どもたちが言われた通り、静かに本を読んでいた（感動！）。

そんなときは、すぐに教室に入ってしまわずに、しばらく廊下からその様子を眺めています。

この〝余韻〟です。

ちょっと立ち止まって、子どもたちを見ている時間が大切なのです。

「あ、先生や！」「先生、帰ってきてるで！」と子どもたちが気づいたら、教室に入って、うんとほめる。ほめられた子どもたちも嬉しそうですが、何より私自身が、成長した子どもたちを見て最高にいとおしくなる瞬間です。

また、あるときは、自習させていた二年生の子どもたちの教室に戻ろうと廊下を歩いていると、何やらゴソゴソと相談している声が聞こえてきました。

自分たちで音読の練習をしようと相談し、いよいよ一人目が読もうとしている瞬間だったのです。

今、教室に入ってはせっかくのチャンスがぶち壊しになると思い、手で「どうぞ」とジェスチャーをして、廊下の窓から子どもたちの様子を見ていました。

結局、授業時間の大部分を使ったのですが、「教師をやっていてよかったなあ」と心から思った出来事でした。

いつも子どもたちを引っ張らなければと思わずに、ときには一歩引いて、子どもたちにまかせることも必要です。

教師の姿が見えないときにこそ、子どもたちは大きく成長するのかもしれません。

朝来たときより元気になって帰る教室10のチェックポイント

①たくさんの本が並んでいる

学級文庫は、その教室の〝映し鏡〟です。クラスの雰囲気がよく、いつもワクワクするようなドラマが起こる教室の学級文庫には、様々なジャンルの本がたくさん並んでいます。

②出入り口や窓が、いつも開いている

私は、授業中や休み時間には、ドアや窓をいつも開けています（もちろん、季節や天気にもよりますが……）。クラスの中だけで完結せずに、いつも、誰にでもオープンな教室にしたいという思いがあるからです。

もちろん、「風通しのよい」教室にしておけば、文字通り換気にも役立ちます。

③笑い声が廊下まで聞こえてくる

廊下を歩いていると、教室の中から笑い声が聞こえてくる。そんな教室にするには、まずは教師が笑うことが一番です。教室をどんな雰囲気にするかは、教師の心がけ一つということを忘れないでください。

④勉強できる環境が整っている

まずは、いつも文房具が用意されていること。

子どもは「うっかり忘れてしまう」ものです。もちろん、忘れ物が多すぎるのはいけませんが、常に文房具の予備を用意しておきましょう。赤鉛筆、鉛筆、定規、消しゴム……教師がいつも予備を持っておけば、何かあってもスムーズに授業が始められます。

様々なサイズや種類の紙、チョークなどをきらしていないかもチェック。

子どもがすぐに行動に移せる〝道具〟を揃えておきましょう。

⑤「マイナスの言葉」が聞こえない

私は、教室の中に「マイナスの言葉」が増えてくると危険信号だと思っています。「え〜」「めんどくさい」「いやだ」「最悪」。子どもたちのちょっとしたマイナスのつぶやきを放置していると、少しずつクラスの雰囲気が悪くなっていきます。子どもたちが使う言葉は、クラスの雰囲気を測るバロメーターだと心得ましょう。

⑥「プラスの言葉」であふれている

「マイナスの言葉」を取り払うと、反対に「プラスの言葉」が増えてきます。「やったー」「すごい」「そうか」「早くやりたい」。こんな言葉が聞こえるようになると、クラス力は加速度的に向上します。子どもからプラスの言葉が聞こえたら、すかさずほめ、価値づけていきましょう。

⑦「先生のことが大好き」な子どもたちがいる

学校が楽しい、早く教室に行きたいと子どもたちが思う最初のきっかけこそ、「先生」です。特に四月は勝負時。それまでのことをすべてリセットして、新たな気持ちで登校できる唯一の時期だからです。

「先生大好き！」を教室につくり出すために全力を注ぎましょう。

⑧教室の空気にメリハリがある

あるときには、シーンとして鉛筆の音がカリカリと聞こえてくる。あるときには、笑い声や話し合いの声でガヤガヤ。〝シーン〟も〝ガヤガヤ〟もどちらもあるのが、子どもたちにとって心地よい教室です。

⑨黒板に子どもの字があふれている

板書は先生だけがするものではありません。子どもたちにも大いに黒板を解放しましょう。教師が整理して書くときと、子どもたち自身が自分の意見を反映させるときの両方がある。そして、そのバランスがとれていることが大切です。

⑩自分のこと・仲間のことを大好きな子どもたちがいる

子どもたちが、簡単に仲間のことを傷つけたり、すぐにあきらめたりせず、みんなが少

日 火よう日
先生の意見
みんなの
文房具が
用意されて
いる
黒板に
子どもの字が
あふれている
たくさんの
本が並んで
いる
早く
やろうよ
!
出入口や
窓がいつも
開いている
みんな
大好き!
そうだね!
笑い声が
聞こえて
くる
いいね!
どう
思う?
マイナスの
言葉は、
ゴミ箱に
ポイ!
いやだ
うざ～
さいあく～
めんどい…
教室の空気に
メリハリがある

しても昨日より大きくなろうと必死になっている。そして、自分のことや仲間のことを自信を持って好きだと思える子どもを育てたいものです。

そのためには、教師と子どもが一緒になって、悩みながら地道に学んでいくことだと思います。

子どもたちが朝来たときよりも元気になって帰っていく。

そんな場所をつくっていきましょう。

ハッラッ先生の「かきくけこ」
――この5つを意識するだけで……

か…観察力・感性（教師自身が持っていること）
き…気配り（子どもの些細な変化にも気づけること）
く…苦労・苦悩（子どもの苦労や悩みがわかること）
け…健康（身体の健康はすべてに勝る）
こ…心（心の健康も大切に！）

当たり前だけれど、なかなかできない大切なこと。
常に持っていたい教師のスパイスです。

ときには、子どもの席に座って教室を眺めてみる

私は、教師になってしばらくしてから、現場を一時的に離れて大学院で学んだ時期があります。

その間、久しぶりに「子ども側」になったわけですが、そこでは、たくさんの気づきがありました。

講義を受けていると、たくさんのことが見えてきます。

いつも右のほうばかりを向いて話す先生。

視線が黒板とテキストだけを往復している先生。

声が後ろまで届かない先生。

視線、声の大きさ、ジェスチャー、話し方……教壇の先生がどのように見えているかを実感し、自分自身を振り返るきっかけともなりました。

それからというもの、ときどき子どもの席に座り、子どもの側から教室を眺めてみるようにしています。

子どもの側になってみることは、「教えられる側」を経験するということです。
毎日毎日子どもたちに「教える」立場にある私たちこそ、「教えられる側」になってみることが必要なのではないでしょうか。

先日、教育実習生が授業で漢字を教えている場面を見ていました。
すると、クラスの子どもたちが「間違いそうなところは、黄色のチョークで囲むよ」と実習生に〝教えて〟いたのです。
まさに、子どもから教えられる側になっていました。

これほど直接的なことではなくとも、子どもの反応や発言で、自分の授業の進め方や発問の良し悪しはわかります。私自身も子どもたちから教わりながら、日々、反省と改善の連続です。

また、**「教えられ上手」**になることも大切だと思います。

誰だって「教えてください」と言われて嫌な気はしません。相手が教師ならばなおさらです。理科に秀でている先生、社会科に秀でている先生など〝分野別師匠〟を持つのもいいでしょう。

イメージできないことは、指導できません。

「実物を見せてください」「授業を見せてください」と言って、貪欲に吸収するのが授業の腕を上げる近道。

私も、日頃から疑問に思ったことや聞いてみたいことをメモしておいて、研究会などに参加したときに講師の先生方に質問しまくっていました。

「教わる側」には、自然となれるわけではありません。

「教わろう」という意識が必要です。

「教える側」と「教えられる側」の両方になることが、教師としての成長につながります。

column

教室オノマトペ

キビキビ、スラスラ、ハラハラ、ワクワク……オノマトペを続けてみましたが、自分のクラスをオノマトペで表してみると、どんな教室になりますか？

「教室オノマトペ」です。

先の例では、「キビキビ」は行動がキビキビしているハツラツとしたクラスのイメージが浮かびます。「スラスラ」は文章を抵抗なくスラスラ書き、問題もスラスラ解いていくやる気のあるクラスでしょうか。

では、あなたの教室は？

ダラダラ……これはちょっとマイナスイメージ。行動が遅いクラスです。

タラタラ……もっとひどいことになっています。
ネチネチ……う〜ん。こんなクラスは考えものです。

さて、「キビキビ教室」をつくるには、子どもたちの〝集中と拡散〟が日々くり返されていることが肝心です。

まずは、集中。先生の話を一心に聞くことから始まり、仲間の話をより一心に聞く。そのときの視線は相手に集中し、気持ちも一点に集中します。

そして、拡散。自分で考えたり、班で話し合ったりする各々の場所での活動があります。視線も気持ちも拡散しています。

引き締め、放つ——このメリハリがきちんとある教室にしたいものです。

また、「スラスラ教室」をつくるには、作文なら「書き慣れ」がたくさん行われていることが大切です。「書くって楽しい」とみんなが思えるような授業を、教師が筆頭になって楽しみながら行うことです。

そうだ、教室オノマトペを子どもたちに書いてもらってもいいかも……♪

part 5

【授業づくり】編

あなたの
クラスが
生まれ変わる
瞬間！

教師が「何を教えたか」ではなく、子どもが「何を受け取ったか」

教師がいくらこのことを教えたい、このことを伝えたい、と思って授業をしても、結果的には**「子どもが受け取ったもの」**がすべてです。

子どもに何も残らなかったら、何も伝えなかったのと同じ。

少し厳しいようですが、私はそう考えています。

どの子の中にも残ったものはあったのか。

どの子にも〝お土産〟を持たせることはできたのか。

それを判断するには、授業の終わりに、その時間で学んだことを子どもたちに書かせてみることがおすすめです。

「今日の授業で大切だと思うことを箇条書きしなさい」と言ってノートを提出させるのです。

書かせる時間がないときは、お隣同士でおしゃべりさせます。事前に、「このことがわかった」「このことを知った」「これが面白かった」「これがわからなかった」「おしゃべり相手に質問」といった観点を子どもたちに与えておき、「一分で今日お勉強したことをおしゃべりしてごらん」と言って話させます。

このように、学習内容を書かせたり話させたりすると、子どもたちのまとめになるだけでなく、私たち教師の側の意識が変わります。

授業の「やり方」ではなく、授業で「伝えたいこと」が先行するのです。

授業の進め方や活動の方法など、私たちはついつい授業の「手段」にとらわれがち。「何を」やるかよりも、「どう」やるかに目が向いてしまうのです。

でも、大切なのは、**何を伝えるかという「目的」**です。

子どもが受け取ったものこそが授業内容だと心得て、伝えたいことを明確にして授業に臨みましょう。

「なぜ、その子を指名したのか」言えますか？

以前、授業を見ていただいた先輩の先生に聞かれたことがあります。

「今指名した子たちは、なぜ指名しようと思ったの？」

答えに詰まった私に、先輩は言いました。

「もちろん、機械的に列指名でどんどんあてていくことはある。しかし、意味のある指名は必要だ。ただ『書けた子は立ちなさい、発表しなさい』ではいけない」


このことは、最近教育実習生を受け持って改めて実感しました。実習生の授業を見ていて、「書けているこの子をあてたら他の子にも参考になったのにな」「同じ意見ばかり取り上げてしまったな」と感じることがあったからです。
そこで、実習生にも先の話をしました。

授業行為には意味がなければなりません。
なぜ、その順番で教材を提示したのか。
なぜ、Aさんを指名したのか。
なぜ、音読させたのか。

授業は偶然が生み出すドラマだと言われることがありますが、それは結果の話。やはり、授業をする側には必然性が不可欠だと思います。

「今指名した五人は、自分の思いを書けていたから、他の子の参考のために指名した」
「今A君にあてたのは、もう一歩の詰めで、習熟させたかったから」
「三班に発表させたのは、話し合い場面でうまく譲り合って話していたから、その見本として」

私も、こういうことを言えるように日々修業です。

〝何となく〟の連続で組み立てられた授業では、クラス全員で学び合う意味が薄れてしまいます。

一人ひとりに力をつけていくために、必然性の連続で授業を組み立てましょう。

音読は「宿題」で終わらせない

「音読」はすべての学習の基本です。教材文をスラスラと読めることなしに、次の活動には進めないからです。

私は、国語はもちろん、社会でも理科でも、教科書を音読させています。新しい教材に出会わせるときは、まずはクラス全員がしっかりと音読できるようになることを目指します。

とはいえ、どの子もスラスラ読めるようにするのは、本当に大変なこと。

その難しさは、読者の先生方も身にしみて感じていることではないでしょうか。

では、どのように指導していくか。

私は、**「音読を宿題だけで終わらせない」ことが大切**だと考えています。

「音読カード」を子どもに持たせ、自宅で音読をしたら家族にサインをもらってくる。このようなやり方をされている先生もいらっしゃるかもしれません。

しかし、自宅に机のない子もいる。親が忙しくて確認してもらえない子もいる。家族の事情で勉強どころではない子だっています。私自身、以前赴任した学校でそのことを思い知らされました。

「宿題でやっておきなさい」は危険。

だからこそ、必ず授業中に音読の時間をとる。

そして、その場で評定するのです。

そもそも、子どもたちは、大きな声でハキハキと読むのが気持ちがいいことだと知っています。音読が大好きです。

私のクラスでは、「先生、音読テストは？　立ってなさいコーナーは？」と子どもたちがせがみます。「立ってなさいコーナー」とは、一人ずつ立って音読させ、一箇所でもつかえたら、そのまま立っているという音読テストのこと。子どもたちにとってはテストというよりもゲームです。できない子が恥をかくような空気は一切なく、どの子もニコニコしながらやっています。

また、一人ずつに音読させなくても、音読指導がうまくできていたかがわかる方法があります。

「先生が今から、すでに勉強したことがある教科書の文章を音読します。どの文章かわかったら、一緒に立って音読してください」と子どもたちに伝え、たとえば「スイミー」を教師がまず一人で音読します。そして、「スイミー」だと気づいた子どもたちから順に立って、一緒に声を合わせて読むのです（「アニマシオンゲーム」として紹介されている実践です）。

そのとき、クラスの子どもたちの多くが暗記するように読んだり、すぐに反応できたりすれば、その教材の音読は充分練習できていたということ。

反対に、あまり音読に時間を割けなかったというときは、見事に子どもたちの反応に表れます。「スイミー」だと気づく子が少なかったり、一緒に読んでいても大きな声が出ないのです。


音読は学習の基礎基本。

決してないがしろにしてはいけないと思います。

まずは、国語科の主要単元だけでもクラス全員の子が朗々と音読できるように、日々指導していきたいものです。

「どの子も意識」を持つ

「『どの子も』という意識を常に持っておかなければいけない」――教師であれば、一度は聞いたことがあるかもしれません。

「どの子も」という意識を持つ。

まずはそれが第一ですが、それでは、「どの子もできるようにするための具体策」とは何でしょうか。

授業づくりでは、クラスの中の一番お勉強が苦手な子をイメージして進行を考えます。

「この子ならこの課題にどう向き合うだろう」という意識で授業を組み立てていくのです。

どの子もできる授業を行うためには、発問や作業指示がシンプルでなくてはなりません。それらが「視覚化」されていることも大切です。

以前、担任したクラスに、教材文をなかなか読もうとしない子がいました。多くの子は、「文章の中から探してごらん」と言うと、すぐに文章を読もうとします。しかし、その子どもは、なかなか文章に目を向けようとしない。

そこで、文章の内容を簡単な絵にして提示することを思いつきました。場面の内容をもとの挿絵ではなく、簡単なイラスト記号（アイコン）で複数提示し、その中から正しいのはどれか聞いてみたのです。

すると、その子はサッと教科書に目を落とし、文章を読み始めました。正しい絵を探そうとしたのです。

現在、「アイコンカード」と呼んで検証している読み取りのツールですが、まさに「どの子も」という発想がなければ生まれてこなかったと思います。

「どの子も」意識を持つと、授業は「指導法ありき」ではなく、「子どもありき」になります。

自分のクラスの子どもたちにしっかり目を向けることになるのです。

授業にかける力をぶれさせないためにも、いつも「どの子も」意識を持って授業に臨みたいものです。

ときには、あえて子どもを困らせてみる

日々の授業の中で、もっともっと子どもを困らせましょう！

……と言うと、驚かれてしまうでしょうか。

しかし、**子どもたちをあえて困らせてみることで、その「反射力」を育てていくことも、また大切なこと**ではないかと思うのです。

二年生の国語で、「あったらいいな」というものを考えて発表し、交流する単元がありました。

私たちの学年では、その単元をテレビショッピング風にして、楽しく交流させようとい

うことになりました。

発表場面は、まずは日常生活で困った場面を問う↓「そんなときこれを使えば……」と商品を紹介↓気になるお値段を発表、という流れです。

そして、「気になるお値段ですが……」と子どもが言った瞬間。

「社長、実はちょうど今、商品がここに届いているのです！」

「お客様からこのような質問が来ておりますので、答えてください！」

私はどんどん〝ツッコミ〟を入れました。

値段を紹介して終わりと思っていた子どもたちは、予期せぬ質問に戸惑いながらも、必死で対応してくれました。

いつもいつも予定調和では、子どもは育たない。

だからこそ、あえて困らせる場面も必要なのです。

社会に出たら、舗装された道はなく、自分で道をつくっていかなければなりません。

「即興」「アドリブ」「臨機応変」といった要素が大いに求められるはずです。

そのための素地を小学校からつくっていくのです。

〝あらかじめ準備して、本番を上手に切り抜ける方法〟だけでなく、〝予期しなかったことが起こっても、がむしゃらに突き進む力〟を育てていきましょう。

子どもをあえて困らせることは、クラスの一人ひとりの姿をよくわかっている担任の先生だけができることなのです。

文房具のTPOを教えていますか？

算数の時間にみんなで答え合わせをしていると、突然、「カシャーン」と大きな音。ある子の筆箱が床に落ちてしまい、クラス全員の集中力が途切れてしまった。

こんな場面に出くわしたことがあるかもしれません。

子どもの学力を伸ばすためには、勉強だけ教えればいいのでなく、勉強への取り組み方も教えていくことが大切です。

冒頭の例は、私が何度か体験したことですが、**筆箱を落とす子どもはお勉強が得意でない子が多い。**

そんな法則に、あるとき気がつきました。

筆箱を落とすなんて、一見、些細なことに思えますが、実は意外とあなどれません。筆箱の音に気をとられたり、落ちた鉛筆を拾ったりしていると、答え合わせもままならない。そしてその分、勉強で遅れをとってしまうのです。

答え合わせをするときは、赤鉛筆だけ出しておく。

簡単だけど、大切なルールです。

また、**消しゴムを使うとき・使わないときを意識させる**ことも重要です。

ノートに自分の意見を書くとき、消しゴムを使うとノートがやぶれたり、ノートが余計に黒く汚くなる子どもがいます。

短時間でボリュームのある意見を書かせたいときは、消しゴムは使わせないほうがいいのです。

「消したいことがあったら、その文字の上に×を書いて横に新しい意見を書きなさい」と指導します。

鉛筆も消しゴムも、学校で使わせるときには、「書く」「消す」だけの感覚ではいけません。

時と場合に応じた「扱い方」まで指導することが、結果的に子どもの学力を伸ばすことにもつながっていくのです。

子どもの反応を事前に考える「すごい効果」

時間をかけてじっくりと構成を練り、丁寧に一時間の授業をつくり上げる。

そうしていよいよ、研究授業本番。

事前に用意した流れに沿って、着実に授業を進めていると、普段はあまり発表しない子どもがぼそりとひと言。

「ここで、それだけは言ってくれるな」と泣きたくなるような発言が出てしまった――。

研究授業では、このようなことが起こりえます。

もちろん、予期せぬ発言というのは普段の授業でもあることですが、研究授業だからこそ、教師のほうも焦ってしまう。結果、収拾がつかなくなってしまうのです。

私は、研究授業には神様がいるのではないかと思っています。神様は、冒頭のようなことを子どもに言わせます。

しかし、普段から神様と仲よくなっていれば、たとえ内心ドキドキしていても、何事もなかったかのように対処できます。

研究授業の神様と仲よくなる秘訣は、予想される子どもの反応を極限まで考えること。

特に、**「ありえないような意見」「出るであろう意見」「出てほしい意見」とカテゴリー分けしながら予想していくと、授業場面がはっきりと頭の中に映し出される**はずです。

こういったイメージトレーニングは、いざというときのスムーズな切り返しにつながるということもありますが、それだけではありません。

子どもの反応をできうる限り考えることは、発問を問い直すことにつながる。

私は、これが一番大きいと思っています。

「これでは子どもたちは反応できないなあ」「もっと多様な意見が出るような発問に変えよう」といった、**発問の〝熟成〟**になっているのです。

「発問」は授業の柱です。子どもの反応を考えることは、授業そのものに対して考えを巡らせることにほかなりません。


リアルな子どもの反応を生き生きと想像できる力が教師には必要です。

しかし、想像したよりもはるか上の反応を子どもたちは示してくる。

だからこそ、その差を埋めていくために、毎日の授業で意識していくことが大切なのです。

研究授業を見る6つのポイント

「授業は、見る人の腕までしか見えない」と言われます。ダイヤモンドの原石も、それだと見分ける目をもっていなければ、捨ててしまうかもしれない。**他人の授業を見る目を養うことが、結果的には自分の授業の腕を上げることにつながる**のです。

研究授業を見るとき、中心発問や作業指示が効果的かどうかを意識して見ていることは多いと思います。教材解釈の適切さにも注目していることでしょう。

それらに加え、次のような「授業を見る観点」を設定してみることをおすすめします。

授業の内容だけでなく、**授業者の態度**に意識を向けてみるのです。

①授業者の視線を追う

授業者の視線が教室の端から端まで行き届いているかを意識して見ていきます。

板書しているときの教師の視線は？　板書していても後ろ姿にスキがないのがプロ。子どもたちに背中を向けていても、教室の空間をきちんと掌握しています。

漢字指導をしているときの教師の視線は？

机間指導中の視線も追ってみましょう。

②授業者のほめ言葉だけを集めてみる

以前、ボランティアで先生になるための勉強をしにきた人がいました。彼は、各クラスの授業を一つでも多く参観したいと、時間が許す限り授業を見て回っていました。

そうして、あることに気がついたそうです。落ち着きのあるクラス、子どもの意欲が高いクラスの共通点です。

それは、そのようなクラスは、圧倒的に担任の先生の「ほめ言葉」が多いということでした。授業を見るとき、「ほめ言葉」だけを集めていくのも、学級経営を学ぶ効果的な方法です。

③子どもの発言だけを集める

子どもの発言に注目すると、普段の先生の指導やクラスづくりが浮かび上がってきます。「視点が……」とか「重要人物が……」とか「情景描写が……」という言葉が子どもの発言中に出てきたら、読み取りの観点が子どもたちの中に根づいている証拠。普段から先生がしっかりと指導している証しです。

「もう一度言ってください」とか「二十七ページの三行目を見てください」という言葉が頻繁に出てくれば、その先生は普段から話し方を押さえているということです。

また、「問い返し」や「言い換え」があれば、仲間の発言を大切にする指導がなされていることがわかります。

④「指示の明確さ」に注目する

発問や作業指示が明確か。子どもの言葉を教師が言い直ししても、要点がぶれていないか。一番お勉強のしんどい子でも動き出せているか。そのような点に注目してみます。

⑤「板書の見やすさ」に注目する

字の大きさ、字の色、まとめ方、イラストを効果的に使っているか、全体的にシンプルにまとめているか。板書だけを見ても、様々な気づきがあります。

⑥その他

教室の学級文庫を見る。読書指導に力を入れているかがわかります。

教室環境を見る。黒板のまわり、ロッカーの様子、子どもの机の周り、ぞうきんのかけ方、下駄箱の様子など、小さなところにも自分の教室に生かせる様々なヒントがあります。

教室で「思考の下見」をする

教材をつくるときは教室がおすすめです。
授業記録を書くとき、席替えを考えるときも教室がおすすめです。
放課後の教室には子どもたちの息づかいが残っています。
その中で教材をつくることで、子どもとのリアルなやりとり場面を想像できます。
黒板に貼りながら検討できます。
頭が教室仕様になっているのです。
同じく家庭科室での授業は家庭科室で考えます。図工の授業は図工室で。
実行するその場所で授業案や活動を考えるのは、「思考の下見」をかねています。

授業では、こんな「寄り道」をしている？

小学校教師として、子どもたちに何ができるのか。時折、原点に立ち返って考えることがあります。

そうして行き着くのは、子どもたちが興味を持てるような、たくさんのことを紹介したいという思いです。

子どもたちには、まだまだ知らない世界がたくさんあります。

自然現象、社会現象、こんな世界があるのか、こんな生き物がいるのか、こんな音楽があるのか、こんな言葉があるのか、こんな人がいるのか……様々な世界の入り口を見せたいと思うのです。

模範解答だけを真っ直ぐに伝えていくような勉強があります。もちろん模範解答も必要ですが、子どもたちが社会に出てから生きていく過程では、模範解答など存在しません。

社会に出れば、子どももみんな、自分で解答をつくっていく立場になる。

だからこそ、ことあるごとに**「寄り道」**をして、たくさんの世界を見せたい。

そうすることで、子どもたちが自分の考えや生き方をつくっていく手助けをしたいと思います。

この原稿を書いている今、私の足下には今日捕まえてきた「ナナフシ」が飼育ケースの中に入っています。

ナナフシは木の枝そっくりな昆虫。出かけ先で地面を歩いていたのを捕まえてきました。もちろん明日子どもたちに教室で見せるためです。

担任している二年生の子どもたちは、バッタ採りに夢中です。明日、こんなへんてこりんな虫を登場させたらどうなるか。考えるだけでもワクワクしてきます。

昆虫を学習する単元は三年生に出てきますが、〝思い立ったとき〟が〝出し時〟です。

学びの旬を逃さないよう、その場その場で「寄り道」をしていきましょう。


「寄り道」は、その子らしい世界を獲得させるきっかけとなります。

ナナフシがきっかけで、昆虫にのめり込む子どもだっているかもしれない。

自分が本当に興味のあることを突き詰めていくことが、自分だけの人生を歩める喜びにつながるということを伝えていきたいと思います。


子どもたちが様々なことに興味を持つ扉を開くために。

そのきっかけとなるのが「寄り道」です。

「これが、生まれて初めての授業」と思ってみる

教師になってから今まで、もう何回授業をしたでしょうか。

一日に五回、六回と授業をする。

一週間では……、一年では……、と考えると、たとえ教師歴のそれほど長くない先生でも、それなりの回数になるはずです。

その何百回、何千回の授業すべてに、〝生まれて初めてのように〟向かいたいものです。

毎回、特別な内容の授業をするということではありません。

毎回、新鮮な気持ちで授業をするということです。

子どもたちの反応は？
手作りの教材で…
やるぞ〜〜!!
新鮮な気持ち
新しい工夫はできないか？
初めての日を思い出そう
ドキ
ドキ
ドキ

教科書単元にしても、指導書を毎回そのままなぞるのでなく、今担任している子どもたちをイメージしながら構成を練ってみる。

今回はちょっとこれを加えてみよう、この設定でいってみよう、と学年の先生たちみんなで考えて授業をしてみる。

新しい目で授業を見つめてみるのです。

先日、同じ学年の先生と二人で、国語の次の単元の準備をしていました。パソコンの前で、ああだこうだとわいわい言いながら教材をつくったり、ワークシートを拡大機で大きくしてみたり。

そうして一緒に作業をしていた先生が、他の学年の先生から「研究授業ですか？」と声をかけられたそうです。

「研究授業じゃなくても、こうやってちょっと力を入れて授業をつくるって、いいよな。研究授業だけ特別というのも、本来はおかしな話だし」と話しながら、充実感を分かち合いました。

かくいう私も、ついつい「あ〜、やっと一日が終わった〜」と、なってしまいます。そんな自分に気づいたら、初めて授業する気持ちを失ってはいけないと自分に言い聞かせます。

人間、誰しも〝今日の気分〟や〝今日の体調〟に影響されるものです。それでも、かけがえのない一時間と考えれば、無駄にはできないと思うはず。

授業をあれこれと新鮮な気持ちで考える。

これは「義務」ではなく、先生に与えられた**「特権」**です。

column

教師として最も大切なこと

子どもたちに知識や知恵を与える。

それは、教師の仕事としてとても大切なことです。

しかし、子どもたち自身に「やる気」がなければ、何をどれだけ言っても意味がありません。

人は、教えられたことはすぐに忘れますが、自分で気づいたことはなかなか忘れません。「気づき」と「やる気」はコインの裏表のような関係なのです。
私は小さい頃、虫採りに夢中でした（今もですが……笑）。

キリギリスをタマネギで採る。大きなオニヤンマを網で一気にすくう。これらの感覚は何度も何度も失敗して身体が獲得したものですから、今でも身体に焼きついています。

自分で気づく。だから、やる気になる。

これこそ、学びの出発点。

やる気になった子どもの伸びしろは、無限大です。

逆に、子どものやる気がなければ、どんなに素晴らしい教えがあっても、それは本当の学びにはなりえないのです。

子どもの「やる気」の導火線に、どの角度から火をつけるのか。

これこそ、私たち教師が最も力を注ぐべきことだと思います。

表情、態度、声、ジェスチャー、そして言葉——子どものやる気を引き出すために、教師はたくさんの道具を持っています。

子どもの「やる気」を、あなたならどう引き出しますか？

おわりに

「教師になってよかった」と、心の底から思える人生を歩こう

子どもたちが帰った教室は静かです。
先生の一日はあっという間です。
気がついたら放課後です。
しかし、そのあっという間の中に数え切れないほどのギフトがあります。
子どもの成長、子どもの可愛らしい言葉、やさしい言葉、しぐさ、行動……。
そのギフトを受け取ったとき、教師になってよかったなあ、と思います。

ギフトを受け取れるか否かは自分が決めています。
受け取るためには、真摯な心が必要です。
「真摯」という言葉が似合わない教師にはなりたくない。

おわりに

「誠実」という言葉が似合わない先生、「熱血」という言葉が似合わない先生にも。
教師は〝くさい言葉〟が似合う職業です。
くさい言葉を堂々と言えるような教師生活を送りたいと思っています。
いつまでも子どものことを真剣に語れる先生でいたい。
いつまでも授業のことを真剣に語れる先生でいたい。

最近、教師になってよかった、と思ったのはいつですか。
毎日のようにそう思いたいですよね。なりたくてなった教師なのですから。
また明日から笑顔で子どもたちと話そう。

最後になりましたが、本書をまとめるにあたり、東洋館出版社の大崎奈津子氏には色々とお世話になりました。心より感謝とお礼を申し上げます。

132冊目のメモ帳を手にしながら

森川　正樹

[著者略歴]

森川正樹（もりかわ・まさき）

兵庫県生まれ。兵庫教育大学大学院言語系教育分野（国語）修了、学校教育学修士、兵庫県尼崎市立武庫小学校教諭。

全国大学国語教育学会会員、日本国語教育学会会員、国語教育探究の会会員、基幹学力研究会幹事、教師塾「あまから」代表、難波読書会「月の道」主宰、「教師の笑顔向上委員会」代表。

国語科の「書くこと指導」「言葉の指導」に力を注ぎ、「書きたくてたまらない子」を育てる実践が、朝日新聞「花まる先生」ほか、読売新聞、日本経済新聞、日本教育新聞などで取り上げられる。県内外で「国語科」「学級経営」などの教員研修、校内研修の講師をつとめる。社会教育活動では、「ネイチャーゲーム講座」「昆虫採集講座」などの講師もつとめる。

著書に、『先生ほど素敵な仕事はない？！―森川の教師ライフ＝ウラ・オモテ大公開―』『クラス全員が喜んで書く日記指導―言語力が驚くほど伸びる魔法の仕掛け』『小1～小6年“書く活動”が10倍になる楽しい作文レシピ100例　驚異の結果を招くヒント集』『学習密度が濃くなる“スキマ時間”活用レシピ50例―教室が活気づく、目からウロコ効果のヒント教材集―』『どの子も必ず書けるようにする国語授業の勘所―「つまずき」と「ジャンル」に合わせた指導―』（以上、明治図書）他、教育雑誌連載、掲載多数。

[社会教育活動]
「日本ネイチャーゲーム協会」ネイチャーゲーム指導員、「日本キャンプ協会」キャンプディレクター、「日本自然保護協会」自然観察指導員、「CEE」プロジェクトワイルドエデュケーター

[ブログ] 森川正樹の“教師の笑顔向上”ブログ
http://ameblo.jp/kyousiegao/

あたりまえだけどなかなかできない
教師のすごい!
仕事術

2013(平成25)年 3月1日 初版第1刷発行

編著者 森川正樹
発行者 錦織圭之介
発行所 株式会社 東洋館出版社
〒113-0021 東京都文京区本駒込5-16-7
営業部 電話 03-3823-9206/FAX 03-3823-9208
編集部 電話 03-3823-9207/FAX 03-3823-9209
振替 00180-7-96823
URL http://www.toyokan.co.jp
装 幀 水戸部 功
イラスト 大森眞司
印刷・製本 藤原印刷株式会社

ISBN978-4-491-02912-2 Printed in Japan

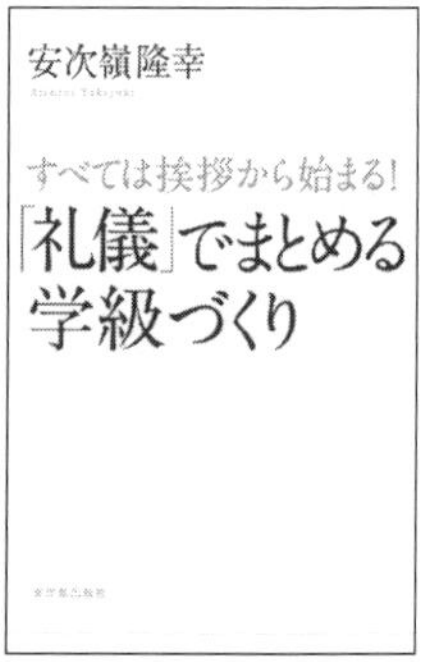
安次嶺隆幸
すべては挨拶から始まる!
「礼儀」でまとめる
学級づくり

全国各地の
講演で
大反響!!